Nacidos para ser salvajes

Conejitos

Colette Barbé-Julien

Las palabras del glosario van en **negrita**
la primera vez que aparecen en el texto.

GARETH**STEVENS**
GS
PUBLISHING
A Member of the WRC Media Family of Companies

En el nido

Para preparar el nacimiento de sus crías, la hembra hace un nido. La mayoría de los conejos hacen sus nidos en huecos poco profundos con forma de cuenco que excavan en el suelo. Algunos tipos de conejos hacen sus nidos en agujeros bajo tierra. Estos agujeros se llaman madrigueras. La hembra, o coneja, no vive con sus crías. Sólo acude al nido una o dos veces al día para alimentarlas. Cuando se va, cubre el nido con hierba o tapa la entrada de la madriguera con tierra. Esto lo hace para que los perros o zorros no puedan encontrar el escondite donde duermen los conejitos.

Las crías de conejo se llaman gazapos. En estado salvaje, los gazapos nacen entre principios de febrero y finales de septiembre. Por lo general, sus nidos suelen estar en lugares donde crecen hierbas y otras plantas.

¿Qué piensas?

¿Cómo hace el nido la coneja?

a) Cubre el agujero con paja.

b) Cubre el agujero con capas de hierba seca y pelo suave.

c) Apelmaza la tierra firmemente con las patas.

La coneja cubre el agujero con capas de hierba seca y pelo suave.

La coneja se arranca pelo del vientre con los dientes para ponerlo en el nido. Sus crías mantendrán el calor acurrucándose en el **mullido** pelo. Al nacer, los gazapos carecen de pelo, y tienen los ojos cerrados. Aunque son muy pequeños y no pueden ver a la madre, los gazapos encuentran fácilmente las tetillas entre el pelo y comienzan inmediatamente a beber leche. Cuando tienen unas tres semanas de edad, empiezan a comer plantas. Los recién nacidos tienen en la mandíbula superior tres pares de afilados dientes llamados **incisivos**. Los gazapos pierden en seguida un par de incisivos, pero conservan los otros dos pares toda la vida.

Al nacer, los gazapos pesan sólo unas 1.5 onzas (42 gramos), menos de la mitad de lo que pesa una taza pequeña de pudín.

A los gazapos empieza a crecerles pelo una semana después de nacer. Dos días después, abren los ojos.

4

Los conejitos crecen con rapidez. A las tres semanas, pesan unas 5 onzas (142 g), y a los tres meses, unas 2 libras (1 kilogramo).

Cuando los gazapos tienen tres semanas de edad, empiezan a abandonar sus madrigueras para explorar el mundo. Siguen siendo conejos jóvenes hasta que tienen entre dos y tres meses de edad.

Alerta, veloz y ágil

El diseño de su cuerpo le permite al conejo explorar con facilidad su medio y protegerse de los **depredadores**. Como sus ojos están a los lados de la cabeza, un conejo puede ver mejor a los lados y a su espalda que de frente. Sus largas orejas pueden moverse juntas o por separado para captar el sonido más débil que llegue desde cualquier dirección. Cuando un conejo percibe un peligro, sólo tiene un plan — escapar tan rápido como sea posible.

¿Qué piensas?

¿Qué hace un conejo cuando lo persigue un enemigo?

a) Corre velozmente.

b) Se esconde.

c) Salta en diferentes direcciones.

Para ver mejor lo que tiene delante, un conejo se alza sobre las patas traseras y gira la cabeza.

Para tratar de escapar de un perseguidor, un conejo saltará de pronto hacia un lado mientras que el depredador sigue en línea recta. Para continuar la persecución, el depredador tiene antes que cambiar de dirección, y luego intentar alcanzar al conejo. Mientras, éste ha seguido avanzando. Si el perseguidor se vuelve a acercar, el conejo volverá a saltar en otra dirección. ¡Sus largas patas traseras permiten que el conejo brinque a 25 millas (40 kilómetros) por hora! Si un conejo es atrapado, puede arañar a su perseguidor. Sus fuertes uñas le ayudan a excavar túneles y a saltar obstáculos.

Los conejos siempre avanzan a saltos, porque no pueden caminar. Sus patas traseras son más largas que las delanteras, y por eso un conejo tiene que levantar la parte de atrás del cuerpo cuando extiende las patas delanteras.

La pequeña cola del conejo se levanta cuando el animal salta. El pelo blanco de la parte inferior de la cola es fácilmente visible cuando el conejo corre, lo que facilita que otros conejos lo sigan.

Las orejas de la mayoría de los conejos adultos tienen de 3 a 4 pulgadas (8 a 10 centímetros) de largo. Cuando el conejo descansa, sus orejas le caen sobre el lomo, pero a la menor señal de peligro las orejas se vuelven a levantar.

¿Es un conejo volador? No. Es un conejo saltarín. Un conejo puede saltar hasta 5 pies (1.5 metros).

9

¿Devoradores dañinos?

Ni los conejos adultos ni los gazapos se alejan mucho de sus madrigueras. Si están a más de 1,000 pies (300 m) de distancia, se sienten perdidos. Desplazándose a brincos por su pequeño **territorio**, un conejo masca cortas hierbas tiernas, flores silvestres, hierbajos y tréboles. Sin embargo, los conejos también engullen los cultivos de los granjeros, incluyendo trigo, cebada, avena, maíz y los brotes de las verduras.

Conejos hambrientos pueden causar graves daños a las cosechas. Por esta razón, a los granjeros no les gustan mucho los conejos.

¿Qué piensas?

¿Qué hace un conejo cuando no tiene plantas nuevas y verdes para comer?

a) Deja de comer y duerme.

b) Se va a otro campo o territorio.

c) Come cortezas de árbol, **líquenes** y musgo.

Cuando no tiene plantas nuevas y verdes para comer, un conejo come cortezas de árbol, líquenes y musgo.

Algunas plantas que los conejos comen no tienen muchos **nutrientes**, pero los conejos disponen de una manera especial de **digerir** los alimentos para sacar todas las vitaminas y minerales de una planta. Parte de la comida no es digerida en seguida. El organismo del conejo produce desechos blandos que contienen las plantas sin digerir, y el animal ingiere estos desechos para digerir las plantas completamente. Después, produce desechos duros que el conejo ya no se come.

Un conejo produce cada día cientos de bolas duras de excrementos. Para marcar su territorio, el conejo deja pequeñas pilas de excrementos a la entrada de su nido o madriguera y a lo largo de los caminos por donde pasa.

Los dientes de un conejo nunca paran de crecer. Para evitar que lleguen a ser demasiado largos, el conejo roe y mastica constantemente. Cuando un conejo come, su mandíbula inferior se mueve hacia delante y hacia atrás. Este movimiento desgasta sus incisivos superiores e inferiores.

En campos sin cultivar, los conejos actúan como cortadoras de hierba. Al comerse todo lo que encuentran, los conejos despejan el terreno y contribuyen a reducir el riesgo de incendios.

La nariz de un conejo no deja de moverse. Su sentido del olfato lo ayuda a encontrar alimento. Además, le permite captar su propio olor y el de otros conejos en su territorio.

Noches atareadas

Los gazapos viven en un gran grupo de conejos compuesto por otros gazapos nacidos aproximadamente al mismo tiempo, conejos jóvenes nacidos en **camadas** anteriores y varios adultos. Con el grupo, un gazapo explora y empieza a conocer los alrededores —especialmente de noche. Al anochecer, todos los conejos abandonan sus nidos y madrigueras para salir en busca de alimento. Durante la noche, los gazapos corretean, se revuelcan en la hierba y hacen como si lucharan mientras uno o dos adultos vigilan la zona.

¿Cómo avisa el conejo a los demás miembros del grupo de que hay un peligro?

a) Grita.

b) Golpea el suelo con una de las patas traseras.

c) Golpea el suelo con las dos patas delanteras.

Hasta cuando busca comida, un conejo sigue vigilando. Si un depredador se acerca, o si percibe algún peligro de cualquier tipo, el conejo avisará a todos los conejos de su grupo.

Cuando hay un peligro, el conejo avisa a los demás miembros del grupo golpeando el suelo con una de las patas traseras.

Cuando los conejitos oyen el aviso, corren a esconderse en sus madrigueras o nidos con los adultos. Cuando ha pasado el peligro, regresan a sus actividades —comer, lavarse, jugar o descansar. Los conejos suelen vivir juntos en paz, pero pueden ser agresivos. A veces tienen que defender sus territorios de otros conejos que los invaden. En ocasiones, los machos luchan entre sí durante la **época de celo**. Cuando pelean, los conejos emiten unos agudos sonidos.

La entrada de una madriguera suele ser estrecha —sólo tiene unas 5 pulgadas (13 cm) de ancho. Un grupo de conejos descansará dentro, protegido de la lluvia, el frío, el calor y los enemigos.

Los conejitos no son gazapos mucho tiempo. Un conejo es capaz de **aparearse** y empezar su propia familia cuando sólo tiene tres meses de edad.

Los conejos se ensucian en sus nidos y en sus madrigueras subterráneas, y pueden pasar mucho tiempo limpiándose. Para limpiarse el pelo, un conejo utiliza su pata como una manopla. El conejo se lame el pelo, y luego se frota la zona humedecida con la pata.

Conejos emparentados

Todos los conejos están emparentados con los conejos salvajes; por eso, éstos pueden aparearse hasta con los conejos domésticos. Las hembras pueden parir hasta veinte gazapos al año. Durante miles de años, los seres humanos han contribuido a la multiplicación de los conejos salvajes proporcionándoles áreas libres de depredadores. La gente también ha criado conejos durante mucho tiempo protegiéndolos en jaulas. Eligiendo y cruzando con cuidado diferentes tipos de conejos, se han creado **razas** con características particulares, incluyendo gigantes y **enanos**, de orejas largas y cortas, y de muchos colores diferentes. Hoy existen más de cincuenta razas o tipos de conejos. Algunas de ellas se crían por la carne y el pelo. Otras son de animales de compañía.

Los conejos gigantes de Flandes son muy grandes, pero crecen despacio. Sus orejas llegan a alcanzar hasta 8 pulgadas (20 cm) de largo.

¿Qué piensas?

Si un conejo salvaje pesa, como media, unas 3 libras (1.5 kg), ¿cuánto llega a pesar un conejo gigante de Flandes?

a) el doble

b) el triple

c) seis o siete veces más

Un conejo gigante de Flandes puede pesar seis o siete veces más que un conejo salvaje.

El conejo gigante de Flandes es una de las razas más grandes de conejo. Puede pesar hasta 20 libras (9 kg). Pero los gigantes de Flandes no alcanzan el tamaño de algunas liebres, que también son parientes de los conejos. Las liebres tienen un aspecto similar al de un conejo, pero son mayores y tienen orejas y patas más grandes. Una liebre puede pesar hasta 22 libras (10 kg). Las liebres no viven en grupos ni excavan madrigueras pero, como muchos conejos, hacen nidos ocultos entre las plantas.

Las liebres ya nacen con pelo y con los ojos abiertos. Las liebres jóvenes reciben el nombre de lebratos.

Un conejo enano, con sus orejas muy cortas, ojos grandes, cuerpo pequeño y redondo, y pelo suave, suele ser el animal de compañía favorito de los niños.

Los conejos azul viena tienen un pelo azul grisáceo de gran belleza, músculos fuertes y orejas robustas. Son una de las razas de conejo más populares.

El conejo carnero es un conejo de aspecto poco común. Tiene cuerpo encorvado, frente ancha, orejas que le llegan al suelo y carece de cuello.

Un conejo mariposa francés gigante tiene una marca en forma de mariposa sobre la nariz, círculos alrededor de los ojos, orejas oscuras y manchas en el cuerpo. Esta raza se suele criar para la producción de carne.

21

Los conejos son **mamíferos**. Viven en América del Norte, Europa, África y en muchas otras partes del mundo. En estado salvaje, los conejos viven aproximadamente un año. Los que son mascotas viven unos cinco años. Los conejos salvajes son más pequeños que las mascotas y pesan entre 2 y 5 libras (1 a 2 kg). La mayoría de los conejos mascota pesan entre 2 y 11 libras (1 a 5 kg), pero las razas gigantes pueden pesar 12 libras (5.5 kg) o más. El conejo más pequeño de América del Norte es el conejo pigmeo. Este animal, en peligro de extinción, vive en el Oeste de Estados Unidos. Pesa sólo unas 15 onzas (425 g) y tiene una longitud de entre 8 y 9 pulgadas (20 a 23 cm).

Los conejos están emparentados con las liebres.

La mayoría de los conejos salvajes tienen un pelo grisáceo o pardo. El pelaje del conejo se hace más denso en invierno.

Los conejos salvajes suelen tener una longitud de entre 12 y 16 pulgadas (30 a 41 cm). Los conejos mascota pueden tener una longitud de hasta 24 pulgadas (61 cm).

La parte inferior de la cola de un conejo es blanca.

El oído es el sentido más importante para un conejo. Sus largas orejas pueden moverse en cualquier dirección para percibir los sonidos más débiles.

Gracias a que tiene los ojos en los lados de la cabeza, un conejo puede ver a los lados y a su espalda. Sin embargo, no puede ver bien de frente.

Los incisivos de un conejo crecen 4 pulgadas (10 cm) al año. Los conejos usan estos largos dientes para cortar y roer la comida.

El abdomen, o vientre, de un conejo es blanco.

A diferencia de un gato, un conejo no puede retraer, o meter, sus garras. Los conejos usan las garras para agarrarse al suelo, excavar y protegerse.

23

Glosario

aparearse — unirse para producir crías

camada — grupo de animales que nacen al mismo tiempo de la misma madre

depredadores — animales que cazan a otros animales para comérselos

digerir — disolver los alimentos de manera que puedan ser absorbidos por el cuerpo

enano — ser vivo más pequeño de lo normal

época de celo — momento del año en que se aparean los animales machos y hembras

incisivos — dientes frontales afilados que se usan para cortar

líquenes — plantas con forma de escamas que crecen en rocas y árboles

mamíferos — animales de sangre caliente y columna vertebral que paren a sus crías, las alimentan con leche materna y tienen piel cubierta de pelo

mullido — suave y blando

nutrientes — partes de los alimentos que permiten a los seres vivos crecer y mantenerse saludables

razas — grupos de animales cuyos miembros tienen las mismas características básicas, comportamientos y capacidades

territorio — zona que los animales ocupan y defienden

Please visit our web site at: www.garethstevens.com
For a free color catalog describing Gareth Stevens Publishing's list of high-quality books and multimedia programs, call 1-800-542-2595 (USA) or 1-800-387-3178 (Canada). Gareth Stevens Publishing's fax: (414) 332-3567.

Library of Congress Cataloging-in-Publication Data

Barbé-Julien, Colette.
    [Petit lapin. Spanish]
    Conejitos / Colette Barbé-Julien. — North American ed.
        p. cm. — (Nacidos para ser salvajes)
    ISBN-10: 0-8368-7423-4 — ISBN-13: 978-0-8368-7423-5 (lib. bdg.)
    1. Rabbits—Infancy—Juvenile literature.   2. Rabbits—Juvenile literature.
I. Title. II. Series.
QL737.L32B3518   2007
599.32'139—dc22   2006013401

This North American edition first published in 2007 by
Gareth Stevens Publishing
A Member of the WRC Media Family of Companies
330 West Olive Street, Suite 100
Milwaukee, Wisconsin 53212 USA

This U.S. edition copyright © 2007 by Gareth Stevens, Inc.
Original edition copyright © 2005 by Mango Jeunesse.

First published in 2005 as *Le petit lapin* by Mango Jeunesse, an imprint of Editions Mango, Paris, France. Additional end matter copyright © 2007 by Gareth Stevens, Inc.

Picture Credits (t = top, b = bottom, l = left, r = right)
Bios: C. Ruoso title page, 18, 22-23, back cover. Cogis: Hermeline 4(t); Heuze 22. Colibri: A. M. Loubsens front cover, 12(t), 13(t); B. and C. Baranger 2, 5(b), 17; P. Lustrat 4(b); Philippe Granval 5(t), 9(t), 16(both); D. Magnin 7; G. Fleury 8(r); F. Merlet 10; G. Smellinckz 12(b); P. Fontaine 13(b); J. Ginestous 15; Charles Testu 20(l); J. M. Prevot 20(r); M. Rohr 21(t); F. and J. L. Ziegler 21(b); B. Bonnal 21(l). Jacana: 8(l), 9(b).

English translation: Deirdre Halat
Gareth Stevens editor: Barbara Kiely Miller
Gareth Stevens art direction: Tammy West
Gareth Stevens designer: Kami Strunsee
Spanish translation: Tatiana Acosta and Guillermo Gutiérrez

Printed in the United States of America

1 2 3 4 5 6 7 8 9 10 09 08 07 06